MASK DIY

自制天然面膜

秋之补水防皱篇

传奇文化美丽坊 著

广州出版社

图书在版编目（CIP）数据

自制天然面膜. 秋之补水防皱篇 / 传奇文化美丽坊著. —广州：广州出版社，2010.1
ISBN 978-7-5462-0083-5

Ⅰ. ①自… Ⅱ.①传… Ⅲ. ①面—美容—基本知识 Ⅳ. ①TS974.1

中国版本图书馆CIP数据核字（2009）第241224号

自制天然面膜·秋之补水防皱篇

出版发行 广州出版社（http：www.gzcbs.com.cn）
（地址：广州市天河区天润路87号 邮政编码：510635）
印 刷 广州丰彩彩印有限公司
（地址：广州市广园西路岗头大街9号丰彩大厦 邮政编码：51040
规 格 889mm×1194mm 24开 280千字 14印张
版 次 2010年1月第1版
印 次 2010年1月第1次
责任编辑 杨 斌
文字编辑 李 君 蔡 宇
责任校对 蚁燕娟
发行专线 (020)38903520 38903521 38903516(传真)
书 号 ISBN 978-7-5462-0083-5
总 定 价 72.00元(全四册)

目录

MASK DIY

秋天，干燥的风吹在脸上，皮肤突然紧绷起来了，很容易想起年龄又要增大了，用天然的补水防皱面膜可以让你的面部保持水嫩幼滑，忘却年龄的烦恼。

SEASON MASK SEASON MASK SEASON

美容秘诀

在秋季，皮肤容易得“秋燥症”，病症特点为皮肤干燥、粗糙、无光泽。这时候，就要请出蜂蜜甘油面膜来帮你“药到病除”。蜂蜜+甘油=柔嫩细腻。其中，蜂蜜的良好润泽性能够去除皮肤的燥热，使肌肤有光泽；而甘油则是皮肤的“护卫兵”，它吸收水分的能力，不仅能保护皮肤，还能防止皮肤的燥裂，让肌肤恢复柔嫩。“防干燥”是秋天护肤的“重点课程”，赶紧记好做法，DIY一下吧。

材料

蜂蜜1茶匙，甘油1茶匙，蒸馏水适量。

做法

1. 将蜂蜜和甘油充分混合；
2. 加入适量的蒸馏水搅拌成膏状。

用法和周期

洁面后，将面膜膏均匀涂于脸上，保留20～25分钟后，用温水洗去。一周使用1～2次。

适用人群

适合干性肤质。

滋润指数 ★★★★

SEASON MASK SEASON MASK

美容秘诀

欢迎来到“海藻面膜”美容院，在这里，无论是干性肌肤的顾客，还是敏感性肌肤的顾客，我们的“美容师”都能满足你的要求！我们使用的海藻粉对粗糙的皮肤有独到的疗效，它不仅能供给水分，还能减少刺激、消除炎症。特别是它温和的“个性”，是敏感性肌肤的呵护者。甘油，可以吸附空气中的水分子，润泽肌肤。海藻粉搭配甘油，再加上含有各种矿物质的矿泉水调和，可是“海藻面膜”美容院里保湿护肤的人气商品。

材料

海藻粉 1/3 茶匙，甘油 1 茶匙，矿泉水适量，化妆棉些许或压缩面膜一颗。

做法

1. 将海藻粉和甘油充分混合；
2. 加入适量的矿泉水搅拌均匀成糊状。

用法和周期

洁面后，用化妆棉或压缩面膜蘸取后敷在面部，15 分钟后，用温水洗净。一周使用 2~3 次。

适用人群

适合各种肤质，尤其是对粗糙皮肤更为有效。

滋润指数 ★★★★

SEASON MASK SEASON MASK SEASON

美容秘诀

酸奶向来是美容达人的秘密法宝之一。它所含的乳酸能软化角质，促进皮表上的死细胞脱落、新细胞再生，还有镇静的功能和延缓肌肤衰老的能力。蜂蜜对皮肤的保护作用可不能小看，它不但能清洁皮肤和补充水分，而且还有杀菌的效果，使肌肤柔嫩、细腻。此款面膜制作方法简单，具有很好的滋润皮肤的功效。

材 料

酸牛奶、蜂蜜适量，面膜纸 1 张或化妆棉些许。

做 法

将酸牛奶与蜂蜜按 1∶1 的比例调匀即可。

用法和周期

洁面后，用面膜纸或化妆棉浸透敷在脸上，15～20 分钟后，用温水冲净即可。一周使用 2～3 次。

适用人群

适合任何肤质。

滋润指数	抗皱指数		
★★★★	★★★★		

SEASON MASK SEASON MASK SEASON MASK

美容秘诀

想要去除青春痘，找“茄蜜面膜”就对了！番茄中富含的维C，是让肌肤保持润泽、洁白的法宝。它内含的丰富果酸，能平衡肌肤的酸碱度，同时还可清洁肌肤、保护皮肤细胞。蜂蜜可以说是痘痘、粉刺的“抑制剂”，能有效抑制和杀灭毛囊中的细菌，展现皮肤的光滑柔嫩。在秋季，虽然皮脂腺的分泌减少、皮肤不易敏感，但也不能“怠慢”了对青春痘、粉刺的预防工作，适时地使用此款面膜，让你的肌肤美白亮丽！

材料

番茄1个，蜂蜜1大匙。

做法

1. 将番茄洗净，捣烂成泥，倒出汁液。
2. 加入蜂蜜，充分调匀。

用法和周期

洁面后，将面膜均匀敷在脸上，20分钟后，用清水洗净即可。一周使用2~3次。

适用人群

适合任何肤质，特别适合痘痘肌肤。

美白指数 ★★★★ 祛痘指数 ★★★★

SON MASK SEASON MASK SEASON

美容秘诀

在秋季，由于肌肤的新陈代谢比较缓慢，使得肌肤很容易“疲劳”，而想要肌肤总是那么清新活力，该怎么做呢？让“果泥面粉收敛面膜”来告诉你秘诀。木瓜中含有丰富的木瓜酶、木瓜酵素、维生素C，能帮助润滑肌肤，促进肌肤的新陈代谢，去除毛孔中堆积的皮脂及老化角质，再加上能有效收缩毛孔、淡化色斑的菠萝，让此款面膜能够深层清洁肌肤、清除老化角质、柔嫩肌肤。

材料

青木瓜1小块，菠萝1小块，面粉适量。

做法

1. 取菠萝肉和木瓜肉，放入榨汁机中打烂成泥；
2. 加入适量面粉，搅拌均匀。

用法和周期

洁面后，先用热毛巾敷脸，再将面膜均匀敷在脸上，15～20分钟后，用温水洗净。一周可使用2～3次。

适用人群

适合任何肤质。

美白指数 ★★★★ 滋润指数 ★★★

SEASON MASK SEASON MASK

美容秘诀

喝啤酒能“喝”出美容效果，那用啤酒来敷脸呢？啤酒含有活性酶以及氨基酸、维生素等营养成分，能够分解皮肤的油脂和角质，特别是它里面包含的“清凉剂”蛇麻子，是收缩毛孔的高手，而且啤酒中富含的营养素可以滋养皮肤，并在皮肤表层形成一层黏黏的保护膜，减少水分的流失。坚持使用啤酒敷面面膜，能使粗糙的皮肤变得细腻、柔嫩，让你的肌肤去除干燥。

啤酒敷面面膜

材料

啤酒 1 瓶，化妆棉些许。

做法

1. 将啤酒放入冰箱中稍作冰冻；
2. 向干净容器中倒入适量啤酒。

用法和周期

洁面后，用化妆棉蘸取适量冰冻啤酒，敷在脸上，20 分钟后用清水洗净。一周使用 2～3 次。

适用人群

适合任何肌肤。

滋润指数 ★★★★

SON MASK SEASON MASK SEASON

美容秘诀

想在秋季也能保持肌肤的水嫩透明吗？一根香蕉就能帮你做到！香蕉是水果中排毒瘦身的佼佼者，它富含天然果酸，可使皮肤清爽滑润，并能去除脸部痤疮及雀斑，软化角质，净白皮肤，对面部皮下的毛细血管有很好的调节作用。使用此款面膜敷脸，能柔化干性肌肤、去除皱纹，还在花大笔钱去买肌肤保养品的你，不妨让它来帮你细嫩、清爽肌肤。

美白指数 ★★★★

祛斑指数 ★★★★

材料

香蕉半个。

做法

将香蕉去皮，捣烂成糊状即可。

用法和周期

洁面后，将香蕉糊均匀地涂在脸上，15～20分钟后用温水洗净。一周使用1次。

适用人群

适合任何肤质，特别适用于干性或敏感性皮肤的面部美容。

西瓜蛋黄保湿面膜

美容秘诀

西瓜汁搭配蛋黄制成的补水面膜，滋润效果佳，保湿效果好，是秋季温柔呵护你的肌肤的护肤法宝。西瓜汁中含有多种重要的有益健康和美容的化学成分，如瓜氨酸、丙氨酸、谷氨酸、精氨酸、苹果酸、磷酸等具有皮肤生理活性的氨基酸，还有糖类、维生素、矿物质等营养物质。它们易于吸收，对皮肤的滋润、营养、防晒、增白效果好。还在为干燥肌肤烦恼的你，快让它吃点“营养”吧。

材料

西瓜 1 片，蛋黄半个，面粉适量。

做法

1. 将西瓜瓤放入榨汁机捣碎，加入蛋黄拌匀；
2. 再慢慢加入少许面粉搅拌成膏状。

用法和周期

洁面后，将面膜敷于脸上，10 分钟后用清水洗净。每周使用 2 ~ 3 次。

适用人群

适合干性肤质。

滋润指数 ★★★★　美白指数 ★★★★

SON MASK SEASON MASK SEASON

美容秘诀

苹果含有大量的维生素 C，能帮助消除皮肤雀斑、黑斑，保持皮肤细嫩、红润。苹果中富含的类黄酮素与单宁酸，能协助肌肤抗氧化，排除肌肤毒素。在市面上，大家可能很少看到用菠萝做的面膜，其实，菠萝中含有的果酸及酵素成分，具有帮助角质柔软的效果，能让皮肤白皙细嫩。天然燕麦粉可为肌肤补充多种维生素及矿物质，并能温和地去除肌肤老化角质，令肌肤柔嫩光滑，有除皱、水嫩的肌肤效果。

材料

菠萝 100g，苹果 40g，燕麦粉 5g。

做法

1. 将菠萝和苹果放入榨汁机中榨取汁液；
2. 加入燕麦粉，搅拌均匀成糊状。

用法和周期

洁面后，将面膜敷在脸上，15 ~ 20 分钟后，用温水洗净。一周可使用 2 ~ 3 次。

适用人群

敏感性肌肤慎用。

美白指数 ★★★★	滋润指数 ★★★★		

果蜜苏打粉紧肤面膜

美容秘诀

让我们先来列举几项你会爱上这款面膜的理由吧！首先，有“水果之王”之称的苹果，它旗下的“美白美容师”维生素C，负责消除皮肤的雀斑、黑斑，保持皮肤细嫩红润。秋季是润滑肌肤的好季节，所以苏打粉也来“秀”一下它收缩粗大毛孔的功效，分解皮肤的油脂，再加上蜂蜜的滋润效果，让肌肤水水嫩嫩的！选择此款面膜，等于让你的肌肤减少皱纹、透明白嫩！

材料

苹果半个，蜂蜜2匙，苏打粉半匙。

做法

1. 将苹果放入榨汁机中打成泥状；
2. 加入蜂蜜和苏打粉，搅拌均匀。

用法和周期

洁面后，将面膜敷在脸上，15～20分钟后，用温水洗净。一周可使用2～3次。

适用人群

适合中性肤质。

滋润指数 ★★★★

SON MASK SEASON MASK SEASON

美容秘诀

香橙具有出类拔萃的深层洁肤效果，能彻底清洁面部污垢和油脂，美白肌肤，预防雀斑的生成，让肌肤有良好的抵抗力。蜂蜜能够去除秋季肌肤的干燥，润泽性好，使肌肤有光泽，而牛奶中的铜、维生素 A、维生素 B 则能使皮肤嫩白、光滑滋润。散发着清香气味的“橙子面膜”，在秋季的干燥天气里，不但能缓解肌肤的燥热，还能缓解你的工作疲劳，不妨试试这款 DIY 水果面膜吧。

材料

橙子 1 个，牛奶 4 大匙，蜂蜜 1 茶匙。

做法

1. 将橙子去皮去子，放入榨汁机中榨取汁液；
2. 加入牛奶和蜂蜜，搅拌均匀。

用法和周期

洁面后，将面膜均匀地涂在脸上，约 15 分钟后，用温水洗净。一周可使用 2 ~ 3 次。

适用人群

适合任何肤质。

美白指数 ★★★★

滋润指数 ★★★★

SEASON MASK SEASON MASK

美容秘诀

苹果素来享有“水果之王”的美誉，苹果中的营养成分可溶性大，易被人体吸收，故有“活水”之称，有利于溶解硫元素，使皮肤润滑柔嫩。它营养丰富，是一种广泛使用的天然美容品，被许多爱美人士奉为美容圣品。苹果含有的大量水分和各种保湿因子对皮肤有保湿作用，维生素 C 能抑制皮肤中黑色素的沉着，常食苹果可淡化面部雀斑及黄褐斑。另外，苹果中所含的丰富果酸成分可以使毛孔通畅，有祛痘作用。

苹果锁水面膜

材料

苹果 1 个。

做法

将苹果去皮，放入榨汁机中打烂成泥状即可。

用法和周期

洁面后，将面膜均匀地涂于脸上，3 分钟后用清水洗净。隔天 1 次，20 天一个疗程。

适用人群

适合任何肤质。

美白指数 ★★★★

滋润指数 ★★★★

SON MASK SEASON MASK SEASON

美容秘诀

都说女人是水做的，要想经常保持皮肤的水水嫩嫩，只要一瓶矿泉水就可以做到啦！矿泉水具有多种矿物质元素和营养，使用它来护肤，皮肤自然而然的光滑漂亮。还可以把矿泉水灌入带有喷嘴的小瓶内，直接喷在脸上，用手轻轻拍打，在为皮肤补充水分的同时，可使矿泉水中的偏硅酸被充分吸收，从而增加皮肤弹性，舒展面部细小皱纹，延缓皮肤衰老，做真正的水嫩女人。

材料

矿泉水 1 瓶，化妆棉些许。

做法

用化妆棉蘸取适量矿泉水即可。

用法和周期

用化妆棉蘸取矿泉水敷面，可天天使用。

适用人群

适合任何肤质。

美白指数 ★★★★

美容秘诀

说到黄瓜，几乎每个 DIY 美容达人都会会心一笑，是的，谁没有用过黄瓜片当面膜？黄瓜是一味可以美容的瓜菜，被称为“厨房里的美容剂”，几乎适合所有肤质，经常食用或贴在皮肤上可有效地抗皮肤老化，减少皱纹的产生，并可防止唇炎、口角炎。用黄瓜、新鲜的橙子和柠檬一起放入榨汁机内榨汁制成面膜，不仅具有滋润补水、美白、抗皱的作用，还可抗脂溢、祛痘止痒、细化毛孔。

材料

黄瓜半条，橙子 1 个，柠檬 1 个。

做法

将橙子、柠檬去皮，和黄瓜一起放入榨汁机中榨取汁液即可。

用法和周期

洁面后，将面膜敷在脸上，15～20 分钟后，用温水洗净。一周可使用 2～3 次。

适用人群

适合任何肤质。

美白指数 ★★★★　滋润指数 ★★★★

SON MASK SEASON MASK SEASON

美容秘诀

浓香美味的牛奶绝对是爱美人士的“必备秘密武器”。众所周知，喝牛奶、泡牛奶浴都是通往“肤如凝脂”这一最高境界的捷径，而适当地利用牛奶自制面膜，也未尝不是居家美眉的法宝哦！橄榄油是滋润宝物，用一汤匙牛奶加几滴橄榄油拌匀，敷在脸上，锁水保湿不在话下，还可以减少皱纹、增加皮肤弹性，让你的皮肤变得白皙光亮，嫩滑细致。

材料

鲜牛奶1匙，橄榄油4～5滴，面粉适量。

做法

1. 向鲜牛奶中加入4～5滴橄榄油混合均匀；
2. 加入适量面粉，调匀成糊状。

用法和周期

洁面后，用面膜刷将面膜均匀涂于脸上，15～20分钟后用温水洗净。一周使用2～3次。

适用人群

适用于中老年妇女或面部皱纹较多的孕产妇。

美白指数 ★★★★	抗皱指数 ★★★★		

美容秘诀

冬瓜具有非常好的清热凉血、消炎解毒的功效，可以促进肌肤的新陈代谢，缓解并有效地去除青春痘。番茄的杀菌作用，可帮助预防痘痘生成，加上奶酪能消除皮肤中的污垢，促进皮肤卫生，适合护理暗疮皮肤，使肌肤红润。生活压力大、电脑辐射等等造成现在越来越多的女性皮肤暗黄，色斑重重，想恢复滑溜溜的皮肤，这款简单又实用的面膜一定会给你带来意想不到的惊喜。

材料

冬瓜 100g，番茄 1 个，奶酪 1 大匙。

做法

将冬瓜、番茄去皮切块，与奶酪一起放入榨汁机中打烂成泥即可。

用法和周期

洁面后，用面膜刷将面膜均匀敷在脸上，15 分钟后，用温水洗净。一周可使用 2～3 次。

适用人群

适用于各种肤质的肌肤，尤其适合于痘痘及暗疮肌肤。

祛痘指数 ★★★★

SON MASK SEASON MASK SEASON

美容秘诀

橄榄油在西方被誉为“液体黄金”、“植物油皇后”、“地中海甘露”，原因就在于其极佳的天然保健功效、美容功效和理想的烹调用途。橄榄油富含与皮肤亲和力极佳的角鲨烯和人体必需脂肪酸，可被吸收迅速，有效地保持皮肤弹性和润泽；橄榄油中所含丰富的抗氧化物质，能消除面部皱纹，防止肌肤衰老，是可以“吃”的美容护肤品，另外，用橄榄油涂抹皮肤能抗击紫外线防止皮肤癌。橄榄油与能使皮肤润滑光洁的蜂蜜组合，可以使皮肤滋养而嫩滑。

材料

橄榄油 50mg，蜂蜜 20g，面膜纸 1 张。

做法

把纯橄榄油加热至 37℃左右，再加入适量蜂蜜，搅拌均匀即可。

用法和周期

洁面后，把浸过橄榄油的面膜纸敷在脸上，15 ~ 20 分钟后，用温水洗净。一周可使用 2 ~ 3 次。

适用人群

适用于皮肤特别干燥者。

滋润指数 ★★★★　抗皱指数 ★★★★

SEASON MASK SEASON MASK

美容秘诀

海带又称为昆布，是一种褐藻类，具有保湿、赋活肌肤，促进肌肤新陈代谢的功效。海带粉很容易溶于水中，能够增加肌肤的含水量，并赋予肌肤弹性与紧致，是最佳的保养材料。将海带粉加水再调和少许蜂蜜，就能轻易制作出此款方便好用的抗衰老活肤面膜。它具有极好的补水功效，可充分滋润肌肤，促进肌肤新陈代谢、延缓衰老。

蜂蜜海带面膜

材料

海带粉 2 大匙，蜂蜜 1 大匙。

做法

将海带粉与蜂蜜混合，加入适量热水，一起搅拌均匀成糊状待用即可。

用法和周期

洁面后，将面膜敷在脸上，15 ~ 20 分钟后，用温水洗净。一周可使用 2 ~ 3 次。

适用人群

适合任何肤质。

滋润指数	抗皱指数
★★★★	★★★★

SON MASK SEASON MASK SEASON

美容秘诀

黄瓜含有丰富的维生素 A，具有去油与美白的作用。搭配含有多种营养成分的蜂蜜和奶粉，具有润肤、增白、除皱的功效，加入少量的风油精能起到抑菌、抗炎、镇痛的效果。

材料

鲜黄瓜 1 根，蜂蜜、奶粉适量，风油精数滴。

做法

1. 将鲜黄瓜放入榨汁机，榨取汁液；
2. 加入适量奶粉、蜂蜜和数滴风油精，调匀成糊状。

用法和周期

洁面后，将面膜均匀敷在脸上，约 20 分钟后用温水洗净。一周可使用 2～3 次。

适用人群

适合任何肤质。

滋润指数	美白指数		
★★★★	★★★		

美容秘诀

香蕉是理想的天然营养面膜，对面部皮肤皮下微细血管有调节平衡的作用，它含有的丰富的天然油脂，具有滋润作用。一天一根香蕉，能让你美丽又窈窕。香蕉的油分与维生素成分敷后能渗入皮肤，润泽宝贝我们的肌肤，而杏仁则含有与人体油分结构最相似的油脂，特别容易被皮肤吸收。香蕉、杏仁加上滋润肌肤的蜂蜜制成的面膜，其蕴含的维生素 E 具皮肤抗氧化功效，长期使用可使面部皮肤柔嫩、清爽，特别适用于干性或敏感性肌肤。

香蕉杏仁面膜

材料

香蕉 1 根，杏仁粉 1 茶匙，蜂蜜适量。

做法

1. 香蕉去皮，放入榨汁机中打烂成泥；
2. 加入杏仁粉和适量蜂蜜，搅拌均匀。

用法和周期

洁面后，将面膜直接敷在脸上，15 ~ 20 分钟后，用温水洗净。一周可使用 2 ~ 3 次。

适用人群

适合任何肤质。

滋润指数 ★★★★

美容秘诀

杏仁的美味是众所周知的，而它的美容功效也同样强大。据说杨贵妃就是使用了杏仁为主要成分的红玉膏，所以冰肌玉骨、貌美如花。可见杏仁自古就是公认的美容佳品，是古代养生家润肤美容的主要药物。而木瓜也是护肤养颜的圣品，它能使肌肤年轻、光滑。二者搭配上能清洁肌肤的蛋清制成面膜，具有防治面部痤疮、皮肤粗糙、色素沉淀及面部皱纹等作用，经常使用此款面膜是保持肌肤清洁亮丽、富有光泽和弹性的法宝。

材 料

木瓜 1/4 个，杏仁粉 30g，蛋清少许（1 个量）。

做 法

1. 取木瓜肉，放入榨汁机中打烂成泥；
2. 加入杏仁粉和蛋清，搅拌均匀。

用法和周期

洁面后，将面膜直接敷在脸上，静置 15 分钟后，用温水洗净。一周使用 1 次。

适用人群

适合任何肤质。

美白指数 ★★★★

防皱指数 ★★★★

SEASON MASK SEASON MASK

美容秘诀

番茄再普通不过了，市场上随时可以买到，而且番茄富含维生素 A、C、B_1、B_2 以及胡萝卜素和钙、磷、钾、镁、铁、锌、铜和碘等多种元素，还含有蛋白质、糖类、有机酸、纤维素等，是自制面膜的常用法宝。番茄和柠檬都含有丰富的、可有效减少黑色素形成的维生素 C，对防治雀斑有较好的作用。此款面膜制作简单方便，特别适合油性皮肤，还可以美白肌肤，让你的皮肤变得光滑而有弹性。

材料

番茄 1 个，柠檬、面粉适量。

做法

1. 把番茄切块和柠檬片一起放入榨汁机中，打烂成泥；
2. 加适量面粉后搅拌均匀成糊状即可。

用法和周期

临睡前，先洁面，再将面膜均匀涂在脸上，静置约 20 分钟后用温水洗净。一周使用 1 次。

适用人群

适合油性皮肤。

控油指数	滋润指数
★★★★	★★★

SON MASK SEASON MASK SEASON

美容秘诀

杏仁搭配番茄，白里透红，美容效果与众不同！番茄含有丰富的维生素C能洁白皮肤，其所含的果酸，能有效去除面部死皮并为其补充水分，再加上杏仁粉，对面部痤疮、皮肤粗糙、色素沉淀等有治疗效果，让皮肤能清洁亮丽，富有光泽和弹性。这个看起来有点怪怪的组合，它对肌肤的柔嫩保湿效果可不容小觑。

材 料

番茄1个，杏仁粉3茶匙。

做 法

1. 将番茄放入榨汁机中，打烂成泥；
2. 再加入杏仁粉搅拌均匀。

用法和周期

洁面后，将面膜直接敷在脸上，约15分钟后用温水洗净。一周可使用2～3次。

适用人群

适合任何肌肤。

滋润指数 ★★★★

补水指数 ★★★★

SEASON MASK SEASON MASK

美容秘诀

要想在秋季干燥的天气里保持皮肤的嫩滑水润，让“蜂蜜甘油面膜”来告诉你几个小窍门吧！蜂蜜具有滋养肌肤及活化肌肤的功效，并且可舒缓因季节转换及干燥冷空气带来的泛红、粗糙等肌肤敏感现象。甘油，可作为润肤水，安全性能好，能抓取空气中的水分，具有很好的保湿效果。还在为自己的干燥肌肤烦恼的朋友，赶快DIY一下，试试它的神奇功效。

蜂蜜甘油面膜

材料

蜂蜜1茶匙，甘油1茶匙，纯净水适量。

做法

1. 将蜂蜜和甘油混合均匀；
2. 加入适量水调匀即可。

用法和周期

洁面后，将面膜轻轻涂于脸部和颈部，约20分钟后，用温水洗净。每周使用1～2次，30～45天为一个疗程。

适用人群

适合干燥、衰萎皮肤。

滋润指数 ★★★★　补水指数 ★★★★

SEASON MASK SEASON MASK SEASON

美容秘诀

“补气”也是能够美容护肤的。北芪具有很好的补气功效，所谓“气能生津”，透过补气能增强面部血液的循环，同时还能促进津液的自行生化，令内脏得到滋养，皮肤自然润滑起来。薏米和云苓能减少皮肤内的湿毒，故有美白和去湿之效，配合能收紧肌肤的墨鱼骨，使此款面膜能保湿、美白和防皱。此款面膜能行气保湿、收紧肌肤和美白除斑，让你的肌肤散发“柔嫩”的魅力。

材料

北芪 5 钱，薏米 1 两，云苓 1 两，墨鱼骨 1 两，清水 6 碗，面膜纸 1 张。

做法

1. 将上述材料煲 45 分钟；
2. 隔渣取液，晾凉后备用。

用法和周期

洁面后，用面膜纸吸取面膜液，敷面 15 ~ 20 分钟，再用清水洗净面部。一周使用 1 次。

适用人群

适合任何肌肤。

美白指数	抗皱指数
★★★★	★★★

SEASON MASK SEASON MASK

美容秘诀

此款面膜可是相当的补气益血，能滋润并改善暗淡肤色。党参具有补益肺气和生津养血的功效，而当归则有补血生肌的效果，两者配合便能改善气血循环，令面色红润富有光泽。再加上有健脾的特性，更有助于淡化黑色素，并改善皮肤的粒粒小疹，加入石膏，则更有消炎、美白和去小疮的作用，让你的肌肤自然地白里透红。

材料

党参 5 钱，当归 5 钱，石膏 1 两，淮山 1 两，清水 6 碗，面膜纸 1 张。

做法

1. 将上述材料煲 45 分钟；
2. 隔渣取液，晾凉后备用。

用法和周期

洁面后，用面膜纸吸取面膜液，敷面 15 ~ 20 分钟，用清水洗净即可。一周使用 1 次。

适用人群

适用于气血不足而令面色苍白无光，甚至萎黄肌肤者。

美白指数 ★★★★ 滋润指数 ★★★

SON MASK SEASON MASK SEASON

美容秘诀

冬桑叶在美白祛斑方面可有它的独特魅力。它富含黄酮甙、酚类、氨基酸、有机酸、胡萝卜素、维生素及多种人体必需的微量元素，对抑制黑色素沉淀的发生和发展有积极作用。尤其适用于有痤疮和褐色斑的肌肤。经常使用此款面膜，能帮你美白增色，更加光彩照人，让你打扮得漂漂亮亮的去约会。

材料

冬桑叶适量。

做法

1. 用水煎冬桑叶，15 分钟后去渣取汁；
2. 再加热浓缩，藏于冰箱内备用。

用法和周期

每天早晨洗脸时，向洗脸水中加入约 30 毫升冬桑叶煎后溶液，以之洗脸。可天天使用。

适用人群

适合于有痤疮和褐色斑的肌肤。

美白指数 ★★★★　淡斑指数 ★★★★

美容秘诀

白芷、白薇、白芨，这三位美白高手走到一起，再暗淡的皮肤都能变白。白芷有很好的抗皱和美肤作用，能使肌肤光泽洁白；白薇有利于祛斑增白和润肤美容，改善暗沉肤色；白芨能起到细致毛孔的作用，嫩白肌肤。再加入有紧肤作用的蛋清，更加强了此款面膜的美白魔法，柔嫩润泽你的肌肤。

材料

白芷、白薇、白芨各 5g，蛋清少许（1 个量）。

做法

1. 在中药店将等量的白芷、白薇、白芨研磨成粉；
2. 将中药粉与蛋清混合，搅拌均匀。

用法和周期

洁面后，将面膜均匀敷在脸上，用手指轻轻按摩片刻，20 分钟后用温水洗净。一周使用 1 次。

适用人群

适合任何肌肤。

美白指数 ★★★★　滋润指数 ★★★★

SON MASK SEASON MASK SEASON

美容秘诀

在干燥的秋季里，想要保持肌肤的弹性，可以用白果白皙面膜。白果仁可以延缓肌肤衰老，防止皮肤粗糙，使肌肤红润。珍珠粉的美容功效显著，它能增进肌肤对营养物质的吸收，并能美白祛斑，再搭配能润泽肌肤的蛋清，使此款面膜的美白嫩滑肌肤效果特别好。用白果白皙面膜美肤，带给你嫩白的肌肤。

材 料

白果 5 粒，珍珠粉 1 小匙，蛋清少许（1 个量）。

做 法

1. 将白果仁研成粉末；
2. 加入蛋清和珍珠粉调成糊状。

用法和周期

洁面后，将面膜均匀涂于脸上，15～20 分钟后用温水洗净。一周使用 1 次。

适用人群

适合任何肤质。

抗皱指数 ★★★★

美白指数 ★★★

黄瓜眼部滋养面膜

美容秘诀

熬夜有黑眼圈怎么办？想即使熬夜也拥有柔嫩的肌肤吗？让黄瓜眼部滋养面膜来帮你。黄瓜具有美白、排毒、补水的功效，能去除斑点，清除毛孔内的污垢。酸奶富含蛋白质、钙质、维生素等营养成分，具有极佳的嫩肤功效。把黄瓜和酸奶装入能延缓肌肤衰老的绿茶袋里，有助于消炎杀菌、美白肌肤，舒缓肌肤的疲惫。

材料

黄瓜 1 根，酸奶 1 杯，空绿茶袋 2 个。

做法

1. 将黄瓜切碎，与酸奶混合；
2. 将混合好的碎黄瓜放入 2 个空绿茶袋中，放入冰箱 5 分钟。

用法和周期

洁面后，取出冰袋放在眼睛上部敷 10 分钟左右。一周可使用 2～3 次。

适用人群

适合任何肌肤。

滋润指数 ★★★★

抗皱指数 ★★★★★

SON MASK SEASON MASK SEASON

美容秘诀

橘子的色彩柔和，给人的感觉很温暖。用橘子制作的面膜，则能温柔呵护你的肌肤。橘子含果酸和维生素C、维生素A，可使皮肤增强抵抗力，从而减少皮肤的干燥，起到健肤美容的功效，是秋季很好的护肤品。海藻粉能细致毛孔，加强肌肤的保水性，不仅能供给水分，还能减少刺激、消除炎症。橘子搭配海藻粉，让你的肌肤水嫩洁白。

材料

橘子1个，海藻粉适量。

做法

1. 将橘子去皮后放入榨汁机中，榨取汁液；
2. 加入适量的海藻粉搅拌均匀成泥状。

用法和周期

洁面后，将面膜均匀涂抹在面部，10分钟后用温水洗净。一周可使用2~3次。

适用人群

适合干燥、角质较多的肤质。

美白指数 ★★★★
抗皱指数 ★★★

SEASON MASK SEASON MASK

美容秘诀

吃橘子能美容，用橘子抗皱面膜能嫩滑你的肌肤。橘子含有170余种的植物化合物和60余种的黄酮类化合物，其中的大多数物质是天然抗氧化剂，能延缓肌肤的衰老。它搭配蜜糖的滋养成分，有润滑皮肤和去除皱纹的功效，再加入能清洁、杀菌的酒精，加速面部血液的循环。在干燥的秋季，让橘子面膜舒缓肌肤的疲劳，使皮肤具有弹性。

材料

新鲜橘子1个，酒精1小杯，蜜糖适量。

做法

1. 将新鲜橘子连皮放入榨汁机中，捣烂后浸入酒精内；

2. 加入适量蜜糖，放入冰箱一周之后取出使用。

用法和周期

洁面后，将面膜均匀涂于面部，10分钟后用温水洗净。一周可使用2～3次。

适用人群

适合任何肌肤。

抗皱指数	滋润指数
★★★★	★★★★

美容秘诀

猕猴桃是水果中的维生素C之王，能有效抑制皮肤上的色素沉淀，还原多巴色素，阻止黑色素的形成，是美白产品中成分最安全的一种。海藻粉能增加肌肤的免疫能力，改善皱纹，供给水分，使肌肤亮丽。猕猴桃与海藻粉混合制成的此款天然面膜，提供皮肤充足的水分，还能有效去除皮肤的暗斑，令肌肤白皙有光泽。还在为干燥肌肤烦恼的你，不妨试试此款面膜的补水美白效果吧。

材 料

猕猴桃1个，海藻粉适量。

做 法

1. 将猕猴桃放入榨汁机中，捣烂成泥；
2. 加入适量海藻粉，搅拌均匀。

用法和周期

洁面后，将面膜均匀涂抹到面部，10分钟后用清水洗净。一周使用1次。

适用人群

适合任何肌肤。

美白指数 ★★★★　淡斑指数 ★★★★

美容秘诀

在番茄的美容小屋里可是有很多的营养成分哦。它含有丰富的维生素 A、C，并含有苹果酸、柠檬酸等有机酸，有良好的收敛性，能有效地清洁皮肤的毛孔和防止色素沉淀。酸奶里含有的乳酸能够软化皮肤，促进皮表上的死细胞脱落、新细胞再生，并有镇静的功能。在需要修护肌肤的秋季，此款番茄天然面膜能帮你去除肌肤的疲劳。

材料

番茄 1 个，酸奶 1 杯。

做法

1. 将番茄切块，放入榨汁机打烂成泥；
2. 加入酸奶，混合均匀。

用法和周期

洁面后，将面膜均匀涂抹在面部，10 分钟后用温水洗净。一周可使用 2 ~ 3 次。

适用人群

适合油性皮肤，不适用于敏感皮肤。

控油指数 ★★★★　修复指数 ★★★★

番茄米酒面膜

美容秘诀

番茄加米酒，不要看这个组合有点奇怪，它可是预防肌肤粗糙、收缩脸部毛孔的高手。番茄蕴含丰富的维生素及植物纤维，能改善面部油脂及保持肌肤水分平衡，其中的果酸成分，能有效收缩毛孔，是控油的最佳天然材料。番茄再搭配米酒的清洁和收敛功效，让秋季的肌肤去除干燥，脸色红润有光泽。

材 料

番茄 1 个，米酒适量。

做 法

1. 将番茄切块，放入榨汁机中打烂成泥；
2. 加入米酒拌匀即可。

用法和周期

洁面后，将面膜均匀地敷在脸上，约 25 分钟后用温水洗净。一周可使用 1 ~ 2 次。

适用人群

适合油性肌肤。

控油指数 ★★★★

补水指数 ★★★★

SEASON MASK SEASON MASK

番茄抗皱面膜

美容秘诀

番茄富含的维生素 C 能有效减少黑色素的形成，淡化皮肤的色素、暗斑，具有漂白、去斑、防色素沉淀的作用。番茄搭配有很好的润肤和抗皱功效的蜂蜜，再加入有清洁效果佳、能增加皮肤光泽和弹性的橄榄油，让此款面膜的滋润、祛斑抗皱的效果更佳，帮你收紧松弛的皮肤，做时尚美容达人。

材料

番茄 1 个，蜂蜜、橄榄油适量。

做法

1. 将蜂蜜和少量橄榄油混合均匀；
2. 把番茄切成薄片；
3. 再把蜂蜜涂在番茄薄片上。

用法和周期

洁面后，将番茄薄片敷在脸上 20 分钟，之后用手轻轻按摩面部，再用温水洗净。一周可使用 2 ~ 3 次。

适用人群

特别适合干性肌肤。

滋润指数 ★★★★　抗皱指数 ★★★★

SEASON MASK SEASON MASK SEASON

蜂蜜天然面膜

美容秘诀

蜂蜜、蛋黄、杏仁的美容厨房要告诉你一个光滑嫩白肌肤的小秘方。蜂蜜富含各种纯天然养分，能滋养和活化肌肤。蛋黄是清洁皮肤的好帮手，并且含有丰富的蛋白质和多种维生素，能给肌肤提供充足的营养。杏仁油是天然的润肤剂用油，能使皮肤柔软。在干燥的秋季，让这款蜂蜜天然面膜能给你的肌肤以精心呵护。

材料

蛋黄1个，蜂蜜、杏仁油适量。

做法

1. 将蛋黄搅拌均匀；
2. 加入适量蜂蜜和杏仁油搅拌成糊状。

用法和周期

洁面后，将面膜均匀涂抹到面部后10分钟左右，然后用温水洗净。一周可使用2~3次。

适用人群

适合任何肤质。

滋润指数 ★★★★

SEASON MASK SEASON MASK

美容秘诀

黄瓜和土豆不仅是营养的食材，还是美容肌肤的高手。黄瓜能清洁毛孔内的污垢，美白肌肤，并能帮助肌肤排除毒素，补充肌肤的水分。土豆可是消除肌肤疲劳的美容佳品，是维生素 B_6 和纤维质的极佳来源，其含有的淀粉是皮肤的天然安抚剂，能保护角质层。两者混合制成的这款面膜，再加以含多种矿物质的矿泉水，能让你的肌肤润滑细嫩。

材料

土豆半个，黄瓜半根，矿泉水、面粉适量。

做法

1. 先将土豆去皮，并把土豆和黄瓜切成小块；
2. 把准备好的土豆和黄瓜都放进榨汁机，榨取汁液；
3. 将汁液倒进面膜碗里，加入适量的面粉，搅拌均匀成糊状。

用法和周期

洁面后，把面膜均匀地涂抹在脸上，大约保持 15～20 分钟后，用清水洗掉。一周使用 2～3 次，坚持 5 周。

适用人群

适合油性和混合性肌肤。

滋润指数 ★★★★ 补水指数 ★★★★

美容秘诀

绿豆粉有很好的清洁肌肤的功效，其特有的保湿成分能给肌肤提供充足的水分，使肌肤润泽、有弹性。薏米粉向来有“艺人粉”的美称，它深受很多女艺人的追崇，其主要成分是蛋白质和维生素 B 族，具有美白祛斑、收缩毛孔的作用。绿豆粉搭配薏米粉调制而成的此款面膜，有很好的清洁和美白修护能力，再加入能润肤养颜的牛奶，是你呵护肌肤的法宝。

材 料

绿豆粉、薏米粉各 1 茶匙，牛奶适量。

做 法

将绿豆粉、薏米粉和牛奶混合在一起，搅拌均匀成糊状即可。

用法和周期

洁面后，将面膜敷在脸上，15～20 分钟后，用温水洗净。一周可使用 2～3 次。

适用人群

适合任何肤质。

美白指数 ★★★★

滋润指数 ★★★★

SEASON MASK SEASON MASK SEASON MASK

美容秘诀

吃黄瓜能有丰富的营养，用黄瓜来敷脸，则能让你拥有美丽的肌肤。黄瓜的清洁效果优良，并具有去油与美白的功效，能消除皮肤皱纹。蛋清可是清热解毒、消炎的高手，能保护皮肤和增强皮肤的免疫功能。而维生素 E 油对保持皮肤代谢、防止皮肤衰老有着非常重要的作用。此款面膜能在干燥的天气里帮你的肌肤补水保湿，让你的肌肤光泽润滑。

材料

黄瓜半根，鸡蛋清少许（1 个量），维生素 E 油适量。

做法

1. 将黄瓜去皮放入榨汁机中榨取汁液，加入鸡蛋清搅匀；
2. 加入适量维生素 E 油，均匀搅拌成泥状。

用法和周期

洁面后，将面膜均匀敷在脸上，15 分钟后用温水洗净。一周使用 2 ~ 3 次。

适用人群

适合任何肤质。

美白指数 ★★★★　抗皱指数 ★★★★

鸡蛋黄面膜

美容秘诀

鸡蛋黄的颜色给人一种暖暖的感觉，它不仅营养丰富，而且还有很好的美容效果。鸡蛋黄有抗氧化的作用，能让肌肤光滑柔嫩。维生素E油有很好的抗衰老作用，使皮肤保持光泽。再加上蜂蜜滋养润肤的作用，让此款面膜在肌肤易干燥起皮的秋季，帮助你抵抗衰老、去除皱纹。

材 料

鸡蛋黄1/3个，维生素E油5滴，蜂蜜1茶匙，面粉适量。

做 法

将上述材料混合均匀成糊状即可。

用法和周期

洁面后，将面膜涂于脸上和颈部，15~20分钟后用温水洗净。一周使用2~3次。

适用人群

适合干性和中性皮肤。

补水指数 ★★★★

抗皱指数 ★★★★

美容秘诀

蜂蜜加鸡蛋，是让你的肌肤柔嫩的美容小秘方。蜂蜜能够减少色素的沉淀，去除色斑、皱纹，使肌肤柔软嫩滑，并具有良好的抗衰老功效。鸡蛋能够美肤润肤，并能防止肌肤衰老，有收紧肌肤的作用，使皮肤红润。此款面膜能帮助改善干燥的肌肤，让你的肌肤细嫩、润滑，是美容的法宝。

材 料

新鲜鸡蛋 1 个，蜂蜜 1 小匙。

做 法

将鲜鸡蛋和蜂蜜两者搅拌均匀即可。

用法和周期

洁面后，将此款面膜涂在面部，其间用手指稍作按摩，约 20 分钟后，用清水洗净。一周使用 2 次。

适用人群

适合任何肤质。

补水指数 ★★★★

抗皱指数 ★★★★

美容秘诀

天气干燥，用多昂贵的化妆品皮肤还是觉得干干干！有空的时候，给自己来个天然补水面膜吧。由于海藻富含多种生命活性物质，无论是作为日常食物，还是提取活性物质作为药品，它都具有高级的营养元素。用海藻加入几滴滋润效果非常好的橄榄油制成的面膜，可以使肌肤的保湿效果增大，还能增加肌肤的紧缩性及弹性，使松弛的肌肤回复年轻状态，特别是对面部的黑斑还具有修复作用，是秋季用于修护肌肤的最佳选择。

材 料

新鲜的海藻 10g，橄榄油 3 滴，面粉适量。

做 法

1. 将 10g 新鲜的海藻捣成碎末；
2. 加入 3 滴橄榄油、适量面粉调成浆状。

用法和周期

洁面后，将面膜均匀敷于脸上，用手指轻轻按摩片刻，20 分钟后，用温水洗净。一周使用 2～3 次。

适用人群

适合任何肤质。

控油指数 ★★★★ | 滋润指数 ★★★

SEASON MASK SEASON MASK

酸奶芦荟面膜

美容秘诀

酸奶和芦荟加在一起绝对是黄金搭档。酸奶敷脸可以活化皮肤，使皮肤恢复弹性；新鲜的芦荟是完美的修复品，不仅对青春痘有很大的改善作用，把它均匀敷在脸上，还有助于肌肤光洁亮丽、缩水保湿。酸奶芦荟面膜正是集二者所长，经常使用，能使肌肤有全新感受，变得白皙透亮，看不到毛孔且弹性十足。此面膜绝对是想成为美白小美女的你的最爱。

材料

酸奶 3 大匙，新鲜芦荟 1 根。

做法

1. 取芦荟果肉，放入榨汁机中榨取汁液；
2. 将芦荟汁液与酸奶混合均匀。

用法和周期

洁面后，将面膜直接均匀涂在脸上，约 15 分钟后用温水洗净。一周可使用 2～3 次。

适用人群

适合任何肤质。

滋润指数 ★★★★ 美白指数 ★★★★

SON MASK SEASON MASK SEASON

美容秘诀

一发现眼角细纹就紧张得不得了？昂贵的保养品也救你不了？没关系，鸡蛋橄榄油面膜可以有效改善这一状况。鸡蛋蛋黄中含有皮肤所需的多种营养物质；蛋白中也有较多的矿物盐和维生素 B_2。用蛋类做面膜可使皮肤变得柔润和富有弹性，且有除皱之功效。橄榄油可以滋养皮肤，有效抚平干燥。加入柠檬和粗盐还可以去除角质、美白肌肤。此款面膜不仅防皱，还可以使皮肤光滑细致，让你的肌肤又焕发青春光彩。

材 料

鸡蛋 1 个，柠檬半个，橄榄油、盐少许。

做 法

1. 将鸡蛋放入搅拌机中打散；
2. 加入少许盐、橄榄油一同拌匀；
3. 将柠檬榨汁后加入搅拌均匀即可。

用法和周期

洁面后，将面膜均匀地涂在脸上，15 ~ 20 分钟后用清水洗净。一周敷脸 1 ~ 2 次。

适用人群

适合任何肤质。

滋润指数 ★★★★

抗皱指数 ★★★

ASK SEASON MASK SEASON MASK

美容秘诀

蜂蜜中含有大量的维生素、氨基酸及多种活性物质，可调节内分泌、改善脂肪酸代谢及血液循环，促进血液将营养运送到皮肤层，并能有效地抑制和杀灭毛囊中的细菌，防治青春痘，使皮肤变得光滑柔润。黄瓜含丰富维生素C、氨基酸及黏多糖体，具镇静、舒缓、收敛毛孔、补湿及美白功效，再加上滋润美白的牛奶，想要皮肤又细又白的美女肯定不能错过这款滋养又补水美白的面膜！

材料

新鲜黄瓜1根，奶粉、蜂蜜适量。

做法

1. 将黄瓜洗净切块，放入榨汁机中榨取汁液；
2. 加入适量的奶粉和蜂蜜，混合均匀成糊状。

用法和周期

洁面后，将面膜均匀涂于脸上，保留10～15分钟后用温水洗去。一周使用2～3次。

适用人群

适合任何肤质。

美白指数 ★★★★ 抗皱指数 ★★★

SEASON MASK SEASON MASK SEASON

美容秘诀

秋季肌肤的新陈代谢趋于缓慢，使面部容易积沉黑色素、形成褐斑，这可为爱美的女性带来不少的麻烦！先别急，让芦荟来帮帮您。把芦荟汁液涂抹于面部，会使肌肤光滑、白嫩，把蝴蝶斑、雀斑、老年斑都“藏”起来。而且，再告诉您一个小秘密，芦荟可是长久以来的保湿美容中的明星材料，它的补水效果可厉害啦，不但能有效补充皮肤所缺的水分，还是滑嫩肌肤的高手！

材料

芦荟1片。

做法

将芦荟叶片两边剪开，撕去一边叶片，取芦荟肉即可。

用法和周期

洁面后，将露出的芦荟在皮肤上涂抹，直到脸部全部沾满芦荟为止，15分钟后再将脸部洗干净即可。可天天使用。

适用人群

适合任何肤质。

滋润指数 ★★★★

补水指数 ★★★★★

ASK SEASON MASK SEASON MASK

美容秘诀

在干燥的秋季轻轻拍打你的肌肤，可能会掉下不少的脱皮。想要留住肌肤的美丽，这时候就要请出——酸奶。酸奶是我们非常熟悉的调节肠胃功能的饮品，它富含蛋白质、钙质、维生素等容易为皮肤所吸收的物质，嫩肤功效极佳，是具有镇静效用的“洁肤剂”。特别是对于体内黑色素的沉积，酸奶有很好的抑制作用。酸奶面膜，让你的肌肤在这个秋季嫩嫩的！

材 料

酸奶和面粉适量。

做 法

将酸奶和面粉放在小碗中，均匀调成浓稠的酸奶糊即可。

用法和周期

洁面后，将面膜均匀地敷于脸上，待 10～15 分钟后，用温水洗净即可。可天天使用。

适用人群

适合任何肤质。

滋润指数 ★★★★

SEASON MASK SEASON MASK SEASON

美容秘诀

讨厌吃胡萝卜的美女们要注意啦，你们可以不吃胡萝卜，但不能不知道胡萝卜面膜可以让你的皮肤变得又细又白哦！胡萝卜不仅富含胡萝卜素，还含有蛋白质、脂肪、糖类、果胶、挥发性芳香油、维生素 B 族、维生素 C、叶酸、矿物质、微量元素、纤维素等，能使粗糙皮肤变滑，收细毛孔，加入细腻滑爽的藕粉和营养十足的蛋黄，这款胡萝卜收细毛孔面膜一定能带给你意想不到的惊喜。

材料

新鲜的胡萝卜 1 个，藕粉、蛋黄适量。

做法

1. 把新鲜的胡萝卜搅碎；
2. 加上适量的藕粉、蛋黄，调匀成糊状。

用法和周期

洁面后，将面膜均匀地敷于脸部，大约 20 分钟后用温水洗净。一周使用 2 ~ 3 次。

适用人群

适合任何肤质。

滋润指数 ★★★★

MASK SEASON MASK SEASON MASK

美容秘诀

雪梨不仅吃起来清爽可口、滋润心肺，而且具有美白、抗衰老的功效，多吃可以让你由内靓到外。雪梨汁与能去除皮肤燥热的蜂蜜混合拌匀之后使用，能保湿肌肤，使皮肤恢复弹性，还能有效提亮肤色、亮颜活肤。让人更为之振奋的是，这款面膜适合任何肤质!在干燥的秋季，适时地让这款面膜出来“亮一亮”它的美容功力吧!

梨汁蜂蜜面膜

材料

梨半个，蜂蜜1茶匙，面粉适量。

做法

1. 把梨去核，放入榨汁机中打烂成泥；
2. 加入蜂蜜和适量面粉，均匀搅拌成糊状。

用法和周期

洁面后，将面膜敷在脸上，约20分钟后，用温水洗净。一周可使用2～3次。

适用人群

适合任何肤质。

滋润指数 ★★★★　补水指数 ★★★★

SON MASK SEASON MASK SEASON

美容秘诀

肌肤干燥怎么办？脸上的斑点去不掉怎么办？赶紧 DIY 一款杏仁牛奶面膜来帮你！杏仁富含维生素 A，可减轻面部的色素沉积，重现肌肤的光泽，同时其所含的油脂能滋润肌肤，再加上能柔嫩光滑肌肤的云母粉和美白保湿的牛奶，让你的肌肤不但吸收丰富的营养，而且能减少细纹、充满弹性。此款面膜的目标是：美白嫩肤，淡化色斑！

材 料

杏仁粉 30g，云母粉 30g，牛奶适量。

做 法

1. 将杏仁粉和云母粉混合均匀；
2. 加入适量的牛奶，调成糊状后，放入锅中略蒸。

用法和周期

临睡前，洁面后将面膜敷在脸上，第二天早上用温水洗净。一周使用 1 次。

适用人群

适合任何肤质。

美白指数 ★★★★
滋润指数 ★★★★

SEASON MASK SEASON MASK

美容秘诀

在秋季，想要润滑光泽你的肌肤，给它“吃”些什么好呢？试试这款新推出的杏仁抗衰老面膜吧。杏仁粉是健康瘦身的佳品，但它对于美容护肤的工作也是很擅长的哦！杏仁粉含有的杏仁油，能修复肌肤弹性组织，有对抗皱纹、润泽肌肤的功效，再加上瓜蒌粉的抵抗衰老的功效，可谓是“双剑合璧”。加入了润肤效果极佳的蜂蜜制作而成的这款面膜，可以帮你除去表面细纹，紧实肌肤。

材料

杏仁粉 10g，瓜蒌粉 10g，蜂蜜 5g，纯净水适量。

做法

将瓜蒌粉、杏仁粉混合，向其中加入蜂蜜与适量的纯净水调成糊状即可。

用法和周期

洁面后，将面膜敷在脸上，15 ~ 20 分钟后，用温水洗净。一周可使用 2 ~ 3 次。

适用人群

适合干性肤质。

滋润指数 ★★★★

蜂蜜啤酒面膜

美容秘诀

蜂蜜、柠檬能美容护肤，这是我们都知道的，但是啤酒也能美容吗？让蜂蜜啤酒面膜来告诉你。啤酒含有的活性酶以及氨基酸、维生素等营养成分，能够分解皮肤的油脂和角质，特别是它所含的蛇麻子这一“清凉剂”，收缩毛孔的效果很好。啤酒搭配有抗衰老功效的蜂蜜和能抗菌、软化及清洁皮肤的柠檬，让你的肌肤“玉肤如醉向春风”。

材料

柠檬半个，蜂蜜1茶匙，啤酒、面粉适量。

做法

1. 将柠檬去皮，放入榨汁机中榨取汁液；
2. 将柠檬汁、蜂蜜、啤酒和面粉混合，搅拌均匀成糊状。

用法和周期

洁面后，将面膜敷在脸上，约15分钟后，用温水洗净。一周可使用2~3次。

适用人群

适合任何肤质。

滋润指数 ★★★★　抗皱指数 ★★★★

SEASON MASK SEASON MASK

美容秘诀

想在干燥的秋季带着水水嫩嫩的肌肤出门吗？那个小帮手就在你家厨房的食物柜里哦！红糖是抑制皮肤黑色素生成的“骑士”，同时它所含的胡萝卜素、核黄素、烟酸、氨基酸、葡萄糖等成分对细胞具有较强的抗氧化及修护作用，能滋润肌肤。洋菜粉是萃取海中的藻类精制而成的，其富含的胶质，能够吸收水分，保湿效果好。两者通力合作，能消除皮肤干燥的烦恼。

材料

红糖 4 茶匙，水 100ml，洋菜粉 1/4 茶匙，化妆棉些许。

做法

将水煮开加入洋菜粉及红糖，待溶解后晾凉即可。

用法和周期

洁面后，将晾凉后的凝胶状面膜敷于脸上 10 分钟，再用化妆棉蘸化妆水擦净即可。一周使用 1 次。

适用人群

适合各种肌肤。

美白指数	滋润指数
★★★★	★★★

白果蛋清美白面膜

美容秘诀

白果蛋清美白面膜带着它的“中药美容法”闪亮登场啦！白果是常用的中药药材，是营养丰富的高级滋补品，含有粗蛋白、粗脂肪、还原糖、核蛋白、矿物质、粗纤维及多种维生素等成分，具有很高的食用价值、药用价值和保健价值，白果搭配排毒养颜的苹果，再加上能清洁皮肤的蛋清和嫩滑皮肤的淘米水，使这款面膜成为秋季白皙、柔嫩肌肤的人气“美容师”。

材 料

苹果半个，白果 2 茶匙，蛋清些许（1 个量），淘米水适量。

做 法

1. 将白果去壳，苹果去籽，一起放入榨汁机中打烂成泥；
2. 加入蛋清和适量淘米水，混合均匀成糊状。

用法和周期

洁面后，将面膜敷在脸上，静置 20 分钟后，用温水洗净。一周使用 1 次。

适用人群

适合任何肤质。

补水指数 ★★★★　抗皱指数 ★★★★

ASK SEASON MASK SEASON MASK

美容秘诀

金秋，是葡萄成熟的季节。吃葡萄，可以美容美肤，而用葡萄来敷脸，也能让肤色水润透亮。葡萄包含了水溶性维生素B群、糖分、钾、钙、磷、镁等维生素及矿物质，还有许多让有机物质运作的微量成分，它的抗氧化、防皱与除纹功效，能让肌肤保湿润泽。对于秋季的肌肤来说，补水保湿很重要，赶紧试试这款葡萄保湿面膜吧，让你的肌肤“亮”出光彩。

材料

新鲜葡萄50g，面粉适量。

做法

1. 将葡萄去籽，连皮放入榨汁机中榨取汁液；
2. 和适量的面粉混合均匀成糊状即可。

用法和周期

洁面后，将面膜直接均匀涂在脸上，10～15分钟后，用温水洗净即可。一周使用1次。

适用人群

适合任何肤质。

抗皱指数 ★★★★　补水指数 ★★★★★

SON MASK SEASON MASK SEASON

美容秘诀

秋季的肌肤总是有些粗糙，感觉干干的，这时候，就要用蛋黄加红糖的组合来修护一下。红糖中的糖分和矿物质能吸收水分，维持肌肤的润泽度。蛋黄中含有的卵磷脂，具有锁水滋润肌肤的效果，且其含有的维生素 A 还能防止皱纹的产生。工作之余不妨试试这款面膜，让你的皮肤具有良好润泽性的同时，也能保湿与清洁。

材 料

蛋黄 1 个，红糖 2 小匙，水适量。

做 法

将蛋黄打散，加入红糖水充分搅拌成糊状即可。

用法和周期

洁面后，将稠状的蛋黄均匀地涂抹在脸上，15 分钟后，用温水洗净。一周可使用 2～3 次。

适用人群

适合任何肤质。

滋润指数 ★★★★

炼乳橄榄油面膜

美容秘诀

在干燥的天气里，肌肤要重视保湿，但也不能忽略清洁的重要性。橄榄油能清除毛孔内的污垢，滋养肌肤，增加皮肤的光泽和弹性，去除细纹，但却无任何副作用。长期使用橄榄油美容肌肤，能增加皮肤的弹性，再加上炼乳滋润肌肤的功效，让皮肤变得白皙润滑。在修护皮肤的秋季，这款炼乳橄榄油面膜来呵护你的肌肤吧。

材 料

炼乳适量，橄榄油 1 小匙。

做 法

向橄榄油中加入炼乳，搅拌均匀。

用法和周期

洁面后，将面膜均匀涂在脸上，约 10 分钟后，用清水洗净。一周使用 2 次。

适用人群

适合任何肤质。

美白指数 ★★★★　滋润指数 ★★★

SEASON MASK SEASON MASK SEASON

美容秘诀

在秋季，肌肤很容易因为干燥的原因而产生皱纹，这可为爱美的女士带来了不少的烦恼。想要滋润肌肤、消除皱纹，草莓滋润防皱面膜告诉你好方法。草莓含丰富的维生素A、B、C及多种补湿氨基酸和天然果酸，具有美白、补湿及促进肌肤新陈代谢的功效。草莓搭配能美白润滑肌肤的牛奶制成的这款面膜，能很好地收敛肌肤和防止皱纹，让你的皮肤白皙细嫩。

材料

草莓50g，鲜奶1杯。

做法

1. 将草莓放入榨汁机中榨取汁液；
2. 将汁液混入鲜奶中拌匀。

用法和周期

洁面后，将面膜涂于脸部，并加以轻轻按摩，15分钟后，用清水洗净。一周可使用2~3次。

适用人群

适合任何肤质。

滋润指数 ★★★★ 抗皱指数 ★★★

SEASON MASK SEASON MASK

美容秘诀

草莓营养丰富，能降压补血，使皮肤保持白皙，预防雀斑，让肤色红润。橄榄油富含天然优质维生素E、A、B、D、K、F等，对皮肤的滋养非常温和，没有副作用。草莓和橄榄油组合而成的这款面膜，长期使用它有助于面部肌肤回复自然光泽及娇嫩幼滑，让你的肌肤在秋季里充满亮丽色彩。

材料

草莓50g，橄榄油少许。

做法

1. 将草莓切片，然后搅匀捣烂；
2. 加入几滴橄榄油混合均匀。

用法和周期

洁面后，将面膜敷在脸上约10分钟，用温水洗净即可。一周使用2～3次。

适用人群

适合任何肤质。

美白指数 ★★★★

SON MASK SEASON MASK SEASON

美容秘诀

淡化色斑和去除角质层是秋季护肤的重要工作。“香橙美容院”里可是有一款祛斑美白效果好的面膜——香橙磨砂面膜。香橙富含维生素 C，能预防雀斑，防止肌肤的水分流失，发挥很好的滋润效果，而且能去除死皮。在工作疲惫之时，不妨试试此面膜，在美容肌肤的同时，让它清新的香味舒缓你的压力。

材料

香橙 1 个，纱布袋 1 个。

做法

将香橙切片放入布袋，置于温热水中浸泡 20 分钟即可。

用法和周期

洁面后，用装了香橙片的纱布袋直接在面部、手肘、膝盖、脚眼等粗糙的部位摩擦，磨去死皮。一周可使用 1～2 次。

适用人群

适合任何肤质。

美白指数 ★★★★

滋润指数 ★★★★

SEASON MASK SEASON MASK

美容秘诀

香橙富含维生素 A、C、E 及糖类、蛋白质、食物纤维、矿物质等，是养颜美容的佳品。米酒最让人称道的美容效果是其软化皮肤的功效，而且还能很好地去除油脂，具有杀菌的作用。米酒搭配香橙，不但补湿能力强，更能改善肤色。秋季皮肤容易粗糙、干燥，这就需要香橙补湿面膜来"润泽"肌肤。

材料

香橙 1 个，日本米酒 360ml。

做法

1. 将香橙切片放进米酒中；
2. 用保鲜纸将瓶口封住，放置一晚；
3. 第二天用滤隔将放置了一晚的香橙酒过滤即可。

用法和周期

洁面后，将香橙酒均匀地涂于面部，静置 10 分钟后，用温水洗净即可。一周可使用 2 ~ 3 次。

适用人群

适合任何肤质。

滋润指数	抗皱指数		
★★★★	★★★★		

SEASON MASK SEASON MASK SEASON

美容秘诀

想保持肌肤年轻的女性可要注意啦！这款葡萄面膜可是延缓肌肤衰老的高手。葡萄蕴含着非常丰富的营养，它富含维生素C、E，能够抗氧化，有效对抗游离基，减轻皮肤受到的影响。葡萄的皮及核有抗氧化作用，特别是它所含的花青素，能预防细胞老化，增强免疫力。DIY葡萄面膜，恢复你肌肤的青春！

材 料

鲜葡萄10粒。

做 法

将洗净的葡萄整颗连核捣烂即可。

用法和周期

洁面后，将面膜一起敷在脸上，接着用手指轻轻地按压，以助吸收。20分钟后用温水洗脸。一周可使用2～3次。

适用人群

适合任何肤质。

抗皱指数 ★★★★

SEASON MASK SEASON MASK

花茄清洁面膜

美容秘诀

在秋季，如何能保持肌肤的白皙嫩滑？花茄清洁面膜有小秘方。此面膜的工作内容是：深层清洁肌肤、去除老化角质、淡化黑色素。番茄中含有丰富的茄红素，是极佳的抗氧化物质，能帮助肌肤有效地抗老化。菊花富含的香精油和菊色素，能够有效地抑制皮肤黑色素的产生，并能柔化表皮细胞，因而能去除皮肤的皱纹，使面部皮肤白嫩，美容效果好。自制的花茄清洁面膜，让你的肌肤漂漂亮亮的。

材料

小番茄4颗，干菊花1茶匙，奶粉2茶匙。

做法

1. 将菊花泡在沸水中约3分钟，滤去残渣，留取菊 花水；
2. 将小番茄放入榨汁机中打烂成泥；
3. 将菊花水、番茄泥和奶粉混合，搅拌均匀。

用法和周期

洁面后，将面膜敷在脸上，15～20分钟后，用温水洗净。一周可使用2～3次。

适用人群

适合任何肤质。

美白指数 ★★★★

维C面膜

美容秘诀

维生素C可是爱美人士的美容法宝。它能帮助肌肤抵御紫外线，防止黑斑、雀斑，并能锁住水分，增强肌肤的免疫力，美白肌肤。维生素C还能预防或治疗青春痘，长期坚持使用维C面膜，能保湿肌肤，让皮肤柔嫩润滑。在皮肤容易疲劳的秋季，这款面膜能帮你去除烦恼的肌肤问题，让皮肤光泽亮丽。

材 料

压缩面膜1颗，矿泉水1小碗，维生素C适量。

做 法

1. 把维生素C捣碎，倒入矿泉水溶解；
2. 然后将压缩面膜投入矿泉水中，待面膜泡开。

用法和周期

洁面后，将面膜均匀涂在脸上，约5分钟后用温水洗净。一周可使用2～3次。

适用人群

适合痘痘肤质或油性肤质。

祛痘指数	补水指数
★★★★	★★★★

SEASON MASK SEASON MASK

草莓滋润面膜

美容秘诀

可爱小巧的草莓，可是有很好的美容作用哦。它能清洁毛孔的污垢并使皮肤紧致，去除皱纹，美白肌肤。而蜂蜜是一种可以收紧皮肤、使面部平滑的面膜材料，再加入能嫩白皮肤的乳酪，使这款面膜更能为皮肤带来充足的滋润和水分。在睡前自制一款草莓滋润面膜，不但能帮你舒缓肌肤压力，还有助于睡眠。

材料

草莓若干，乳酪、蜂蜜适量。

做法

1. 先将草莓切成薄片；
2. 蘸上适量的乳酪和蜂蜜。

用法和周期

洁面后，将草莓片敷在脸上约 15 分钟，用清水洗净。一周使用 1 次。

适用人群

适合任何肤质。

滋润指数 ★★★★　补水指数 ★★★★★

SON MASK SEASON MASK SEASON

美容秘诀

牛奶加蜂蜜，是一款营养丰富的饮品，但也能拿来做面膜。牛奶里所含的酵素成分，有消炎、消肿与舒缓皮肤的功效，而其所含的乳脂能改善皮肤干燥的现象，使皮肤光滑、柔软、白嫩，护肤美容作用好。蜂蜜有很好的润泽性，能够除燥，使肌肤有光泽。在需要加强肌肤修护的秋季，牛奶蜂蜜滋润面膜能呵护你干燥、粗糙的皮肤。

材料

牛奶 3 匙，面粉 3 匙，蜂蜜 1 匙。

做法

将牛奶、面粉和蜂蜜拌匀，调至糊状即可。

用法和周期

洁面后，将面膜涂满面部，10～15 分钟后用温水洗净。一周可使用 1～2 次。

适用人群

适合任何肤质。

滋润指数 ★★★★

美容秘诀

绿豆是清热解毒的好食材，但它在美容护肤方面也很擅长。绿豆不但能去除皮肤的污垢，使肌肤焕发洁净、透明的光彩，还能改善干燥肌肤、色斑、雀斑，维持肌肤弹力。玉米有很好的抗氧化性，可淡化肌肤细纹，令肌肤紧致，并收缩粗大毛孔。绿豆与玉米混合而成的面膜，再加入一点点的盐，能起到消炎杀菌的作用。在干燥的天气里，这款面膜的紧肤效果能帮您找回细嫩的肌肤。

材料

盐 2 小匙，玉米片、绿豆各 2 大匙。

做法

1. 玉米片、绿豆分别浸泡 1 小时；
2. 将绿豆倒入搅拌机中打烂成糊状；
3. 将浸泡成糊状的玉米片以及盐一起加入到绿豆糊中，搅拌均匀。

用法和周期

洁面后，将面膜直接均匀涂在脸上，用手指轻轻按摩片刻，约 15 分钟后用温水洗净。一周使用 1 次。

适用人群

适合任何肤质，肌肤有伤口者可不加盐。

抗皱指数 ★★★★

美容秘诀

黄芩能够消炎抗菌，抑制青春痘的生成。黄柏中的小檗碱和黄柏酮有抗菌和收敛的作用。甘菊花，被称为延年益寿之花，含有香精油、菊色素等成分，有抑制皮肤黑色素形成及活化表皮细胞的作用，能祛皱、美白。这款面膜能有效去除脸上的青春痘，让你拥有光滑细致的肌肤。

材料

黄柏 10g，黄芩 10g，甘菊花 10g，面膜纸 1 张。

做法

1. 清水浸泡药材片刻，然后放入锅中煎煮 30 分钟；
2. 去渣取液，冷却后盛于干净容器中。

用法和周期

洁面后，将面膜纸放入溶液中沾湿，然后直接敷于脸上，约 15 分钟后洗净。每周使用 1 次。剩余的面膜溶液可放入冰箱中保存，供下次使用。

适用人群

适合长青春痘的人群。

祛皱指数 ★★★★　美白指数 ★★★

SEASON MASK SEASON MASK

美容秘诀

玫瑰加牛奶，对女孩子来讲是一种很浪漫的美容方式，不仅能用于沐浴，也能用在面膜上。玫瑰花水含有保湿因子，能补水保湿，滋润皮肤，还能有效延缓肌肤衰老。牛奶中含有的铜和维生素 A、B，可使皮肤白嫩、光滑滋润，防止肌肤干燥，同时它还有深层清洁的作用，让肌肤充满光泽。这款面膜能让你在玫瑰花香中透出白嫩的肌肤。

玫瑰牛奶面膜

材料

玫瑰花瓣 20g，牛奶适量，面膜纸 1 张。

做法

1. 将玫瑰花瓣放入沸水中沸煮片刻，取其汁液；
2. 加入适量牛奶，混合均匀。

用法和周期

洁面后，将浸过混合溶液的面膜纸敷于脸上，10～15 分钟后用清水洗净。一周可使用 2～3 次。

适用人群

适合干性皮肤，过敏性皮肤慎用。

滋润指数 ★★★★

SON MASK SEASON MASK SEASON

美容秘诀

不懂得椴树花是什么，没关系。美女们只要记得椴树花是好东西就够啦！这条秘方可不是所有人都知道的。椴树花含有大量有益的聚酚合物、蛋白质、维生素 C 和挥发油，采集新鲜的椴树花花瓣，加入纯净水制成面膜，能滋润皮肤，使皮肤细滑，富有弹性，绝对是干性皮肤 MM 的美容首选哦。

材 料

椴树花瓣 2 茶匙，纯净水适量。

做 法

1. 将椴树花花瓣磨碎，用纯净水调成粥状；
2. 将其加热到 60° C ~ 70° C 后，凉置 37° C ~ 40° C。

用法和周期

洁面后，将面膜涂在脸上，保持 15 ~ 20 分钟后用清水洗净。一周可使用 2 ~ 3 次。

适用人群

适合干性肌肤。

滋润指数 ★★★★

SEASON MASK SEASON MASK SEASON MASK

美乃滋面膜

美容秘诀

不少爱美的女孩子都喜欢吃美乃滋，除了美味，美乃滋还具有保湿、滋润肌肤，让肌肤柔嫩细致的强大功能。蜂蜜具有很好的润泽性，能够除燥，使肌肤有光泽。胡萝卜泥能养颜美容，而胡萝卜所含的胡萝卜素对肌肤也有淡化斑点、促进新陈代谢、防止皮肤老化的作用，也可使肌肤红润有光泽的效果。再加上美容天王牛奶，一款好用又香喷喷的美乃滋面膜就诞生啦！还不赶紧试试？这款面膜可是让你有想吃的冲动哦！

材料

美乃滋1匙，蜂蜜半匙，牛奶2匙，胡萝卜泥1匙，面粉适量。

做法

将上述材料混合，搅拌均匀成糊状即可。

用法和周期

洁面后，将面膜均匀地敷在脸上，15～20分钟后用清水洗净。一周使用1次。

适用人群

适合有黑头粉刺的皮肤。

美白指数	抗皱指数
★★★★	★★★

SON MASK SEASON MASK SEASON

美容秘诀

蒲公英有清热解毒、抗菌的作用，搭配绿豆能增强清热解毒的疗效，搭配蜂蜜能增强抗菌消炎的作用，敷在脸上有清洁皮肤消炎杀菌的作用，又有营养呵护的功效。不论是干性皮肤、油性皮肤、老化皮肤，还是有雀斑、色素斑、皮炎、粉刺以及痤疮等问题，多功能的蒲公英都可以帮你解决，是不是让你非常心动？心动不如行动，试试这款无敌面膜吧！

材料

蒲公英 100g，绿豆 50g，蜂蜜 10g。

做法

1. 将采集的蒲公英先煎水，取净汁 500ml；
2. 在蒲公英汁液中加入绿豆 50g，煮至绿豆开花，加入蜂蜜搅拌均匀。

用法和周期

洁面后，取汤涂脸，静置 20 分钟后，用温水洗净。一周使用 1 次。

适用人群

适合任何肤质。

滋润指数	补水指数		
★★★★	★★★★		

SEASON MASK SEASON MASK SEASON MASK

美容秘诀

清凉绿豆永远是 DIY 面膜的最佳材料之一，再搭配上营养丰富的牛奶，这么强大的组合一定能给你的皮肤来一次清洁滋养之旅。已经数不清有多少姐妹夸奖过绿豆的神奇消炎祛痘效果了，如果你长期为痘痘所困扰，那么一定不能错过绿豆牛奶面膜。绿豆可以淡化色斑，淡化痘印，还能清热解毒，牛奶的滋养又能有效保护皮肤水嫩光滑。而且最让人惊喜的是，这款面膜效果明显，前一天晚上敷上一张，明天要去舞会要去约会都完全没问题。

材 料

绿豆粉 2 茶匙，牛奶适量。

做 法

将牛奶慢慢倒入绿豆粉中，搅拌均匀成糊状即可。

用法和周期

洁面后，将面膜均匀敷于面部，约 20 分钟后用温水洗净。一周使用 1 次。

适用人群

适合任何肤质。

滋润指数 ★★★★
祛痘指数 ★★★

SEASON MASK SEASON MASK SEASON

美容秘诀

痘痘肌肤有救了，中药祛痘有神效！中医的魅力在于副作用较少，使用中药材制作面膜也符合我们美女天然美肤的宗旨。白芷含有挥发油、白芷素、香柠檬内酯等成分，对各种细菌有抑制的作用。白藓皮有清热燥湿、解毒止痒的功效。硫磺有溶解角质、抑制皮肤细菌、杀灭虫螨的功效，能治毛囊虫引起的酒糟鼻合并的痤疮。此款面膜能清除油性皮脂，治疗青春痘或酒糟鼻。

材料

白芷 50g，白藓皮 20g，硫磺粉 10g。

做法

1. 将白芷和白藓皮洗净烘干，研成粉末；
2. 将粉末与硫磺粉用凉开水调成糊状。

用法和周期

睡前涂于面部患处，第二天早上用清水洗去即可。可天天使用至患处消除为止。

适用人群

适合任何长痘的肌肤。

滋润指数 ★★★★ 祛痘指数 ★★★